Marion Jana Goeritz

Lebensspuren

Bibliografische Information der Deutschen Nationalbibliothek:

Die Deutsche Nationalbibliothek verzeichnet diese Publikation in der Deutschen Nationalbibliografie; detaillierte bibliografische Daten sind im Internet über http://dnb.dnb.de abrufbar.

Herstellung und Verlag: BoD – Books on Demand, Norderstedt

ISBN: 978-3-7448-3594-7

Herzlich Willkommen liebe Leser,

jeder Mensch hat seine eigene Lebensspur. Doch diese Spur kann mit anderen gemeinsam in eine Richtung verlaufen, oder auch ihre Spur tangieren. Wie auch immer die ihre verlaufen mag, ich wünsche ihnen eine Lebensspur, von der sie ganz viel Schönes erzählen können.

Herzlichst

Marion Jana Goeritz

Es ist das Licht

das durch dich hindurch bricht

es ist das Grün

das mich einlädt

in dein altes Gemäuer

meine Suche

führte mich zu dir

hier stehe ich

inmitten

deiner unzähligen Geschichten

die du leise noch erzählst

Stille

ganz laut

nur der Wind

singt sein Lied in dir

und schau ich nach oben

sehe ich das Himmelblau

so

als ob es nie anders gewesen wäre

Was du gestern noch

als Pfad wahrnahmst

ist heute eine Straße

auf der du dich sicher bewegst

dein Mut

hat sich gelohnt

auch

wenn du am Ende des Tages

den Staub

von den Kleidern abstreifst

du fühlst dich wohl

auf dem Weg den du beschreitest

deine Spuren

sie werden bleiben

erzählen

deine ganz eigenen Geschichten

und dein Lachen
es wird vielen folgen

Sternenmeer der Nacht

dein Glanz

der am Morgen verglüht

erzählt von Mut zum anderen

manchmal

bleibt ein Traum

am Horizont hängen

eine Träne

erzählt dann ganz leise

doch

wenn das Sternenmeer

wieder neu geboren wird

nimmt es diesem Traum mit

auf eine neue Reise

hinauf zum Himmelszelt

und alle Sterne dieser Nacht

schenken ihm die Kraft

um zu überleben

Es ist nicht der Traum

der verloren ging

es sind Erinnerungen

die nicht mehr wichtig sind

sie werden vom Winde verweht

vielleicht

in eine andere Zeit

und du fühlst dich frei

deine Spuren

werden bleiben

geh geh geh

es ist dein wunderbares Leben

du wirst neue Träume gebären

und ist Zeit dein Freund

wirst du sie leben

Der Staub

überdeckt das Alte

das nicht mehr wichtig scheint

Mondlicht

scheint Gesichter hell

und die Nacht

erschreckt dich nicht

du liebst sie

und entdeckst dich

nicht nur am Tag

das alles bist du

das Alte und das Neue

dein Weg ist der

der dich glücklich macht

Schau nicht zurück

deine Farben

sie leuchten so schön

lass sie immer wieder in die Freiheit

und sie machen nicht nur

deine Welt bunt

Du bist aufgewacht

nach einem langen Schlaf

streifst den Sternenstaub ab

der glitzernd zur Erde schwebt

dein Traum wird wahr

und dein Herz erzählt davon

das ewige

- geht nicht -

gibt es nicht mehr

die Liebe

die Liebe

du bist aufgewacht

Was du auch erzählst

ich lese von deinen Lippen

mag wie du schaust

deine Hände erzählen mit

und ich stelle mir vor

wie es wäre

du weißt schon

das Ding mit der Liebe

Keiner

kann dir sagen

was für dich richtig ist

niemand

kann fühlen

was du fühlst

es sind deine Seelenspuren

die dich leben lassen

habe Mut

das zu leben

was du fühlst

es ist doch

Balsam für die Seele

Manche Wege
muss man allein gehen
ohne den anderen
es schmerzt in der Seele
doch es kommt der Tag
da wird alles anders sein
die Liebe umarmt uns
und unsere Seelen lachen
wie schön

Es sind die Träume des Tages

die ich liebe

sie sind hell

und ich sehe sie lachen

sie haben ihren ganz eigenen Glanz

und ich fühle so

ihr überleben ist gesichert

Schau ich hinauf zum Himmel

lese ich deinen Namen

Glitzerstaub

umhüllt meine Seele

aus längst vergangener Zeit

erzählen stumme Bilder

und immer

wieder ein Gefühl

den Namen kenne ich

Der Wolf

er rannte durch die Nacht

die Lämmer

ahnten nicht einmal

sein Verlangen

grämten sich später

über ihre Unbedarftheit

dabei folgten sie ihrem Gefühl

doch sie lernten schnell

Wir könnten fliegen

dachte ich

wir könnten

ein uns erleben

dachte ich

dabei fühlte ich es anders

dein Herz

sehnte sich

nach einem anderen Traum

meine Seele

weinte bis hinein in den Tag

und heute weiß ich

es war gut

wie es kam

warum

ich liebe ihn

Ein Beben in deiner Seele

es lässt alles verschwinden

was dich einsam machte

alles erstrahlt

nun im neuen Glanz

schau nicht zurück

gehe nun Schritt für Schritt

langsam,

aber stetig

Gewohnheit

ist nicht mehr am Start

deine Seele ist befreit

und nun schöpfst du

aus ihren Tiefen

das was dich glücklich fühlen lässt

Scheu nicht das Licht
du siehst alles
was für dich wichtig ist
es leuchtet Tag und auch bei Nacht
Angst ausgelöscht
geboren
in einen neuen Tag hinein
und es ist der Tag
an dem sich für dich
alles ändern kann
wenn du nur den Mut hast
an dich zu glauben

Unsere Spuren bleiben

glitzernder Sternenstaub

überzieht sie

sie glänzen

durch eine neue Zeit

Deine Spuren

auf meiner Seele

sie fühle ich immer noch

sie schmerzen nicht

sie erinnern mich

an unsere Seelenzeit

immer wieder

Himmelblau

und ich fahre auf der Straße

um zu entkommen

dem einen Gefühl

das noch immer in mir wohnt

grüne Mauern

ranken sich an mir vorbei

in der Ferne

Licht

meine Seele

bei der Fahrt erwacht

lässt mich staunen

über diese Pracht

die mein Auge findet

ich schau und fühle

Frieden

das Gefühl

das in mir wohnte

einfach verloren

Die Tränen der Nacht

glänzen hell

auf dem Kopfsteinpflaster

das Sonnenlicht

formt Perlen sanft

ich hebe sie auf und sie lassen mich

schon heute lachen

ich kann noch nicht fliegen

aber ich spüre

wie die Flügel wachsen möchten

und ich werde sie

nicht daran hindern

wenn meine Zeit gekommen

so fliege ich im leichten Wind

und meine Farben

strahlen meine Perlen bunt

Die Augen

nicht mehr vom Nebel umhüllt

klare Sicht

und sie zeigt sich auch bei Nacht

aufgewacht

Sternenwind
weht durch Raum und Zeit
Mondlicht
erzählt vom zu Haus
es sind Spuren
der Vergangenheit
die heute noch erzählen
doch dein Traum
er wird leben
schau nicht mehr zurück
lass dich
mit dem Wind an den Ort wehen
an dem du dich
glücklich fühlen wirst
und das Mondlicht
es wird in weiter Zukunft
auch davon erzählen

Regnete es
an manchen Tagen auch
von meinem Seelenhimmel
hat der Sturm auch
manchen Tag aufgedeckt
was ich nicht sah
der Sonnenschein
im Herzen
war er auch einmal
von Wolken verhangen
du bist immer an meiner Seite
dafür danke ich dir

Ich bin nicht interessiert

an denen

die meinen

es müsste so sein

wie sie es denken

ich bin nicht interessiert

an denen

die meinen

nur sie wüssten wie Leben geht

ich bin nicht interessiert

an denen

die meinen

die Welt müsste sich nur

um ihre Welt drehen

ich bin auch nicht interessiert

an denen

die das was sie sagen

nicht meinen

oder umgekehrt

doch ich bin interessiert

an denen

die ihren Weg fühlen

und diesen gehen

und davon erzählen möchten

auch bin ich interessiert

an denen

die für die Wahrheit sind

ich bin interessiert

an denen

die einem auch das gönnen können

das sie selbst nicht haben

jedoch gern möchten

interessiert bin ich

an denen

die ihre gesunde Selbstliebe leben

ich bin interessiert

an denen

die ihre Seele lieben

und sie zur Freundin haben

auch bin ich interessiert

an denen

die einen Fehler erkennen

und sich dafür

auch entschuldigen können

warum

weil ich es für mich so fühle

25

Erzählte

meine Träume dir

wartete

auf die Nacht

um ins Sternenlicht

schauen zu können

das Funkeln

war wie eine Melodie für mich

die jemand schrieb

ohne mich zu kennen

Das

was du sagtest

wiegt in meiner Seele schwer

dachte ich

du wärst ein Mensch

der liebt

ent-täuscht

Mein Herz
erzählt Bände
Seelenfarben
malen Bilder

Ist das Mondlicht

in der Nacht angemacht

schaue ich hinauf

und wünsche mir

dein Gefühl für immer

am Morgen

weckt es mich auf

mein Lächeln

erreicht deine Herzensmelodie

du stehst vor meiner Tür

und gehst nie wieder von mir

Das Wagnis

es schaut verdammt gut aus

es gibt einen Haken

er liebt wohl eher einen Mann

Da gibt es etwas

dass das längst vergangene

wieder belebt

es ist lebendig bunt

und strahlend

und

erzählt beide Geschichten

Es war die hallende Leere
die meine Seele einst füllte
ihr laut sein
brachte mich auf diesen Weg
der mich heute
lebendig durch mein Leben führt

Gedankenspiele

bunte Farben

Muster neu

veränderbar

suchen Wege

zukunftsdeutend

federleicht

und wunderbar

Warte

nicht bis Morgen

Liebe

möchte leben

Herzensweg

fühlte ich im Traum

die Liebe

im Gepäck

mein Weg friedvoll

bunt und berührend

Wenn die Sonne am Horizont
scheinbar die Erde berührt

ihre Strahlen

meine Haut

für diesen Tag

ein letztes Mal streicheln

meine Augen

sich am Abend schließen

für eine Zeit der Ruhe

ist Stille

ein Freund

der den Tag

noch einmal begrüßt

Einen Moment

der Stille

erzählt so viel

das Herz

es darf zu Wort kommen

manchmal

tropft eine Träne vom Kinn

manchmal

ein Lächeln

das die Stille durchbricht

einen Moment

der alles ändern kann

Geschichten

einer Seele

Lebensspur

ohne Narben

gibt es diese

irgendwo

Album

einer Seele

Bilder

bunt und schön

manchmal

erkennt man sich

nur schwarz weiß

Fehler gemacht

und behoben

Menschen

vertraut und geliebt

Berührungen erlebt

auf nackter Haut

was braucht eine Seele mehr

als Liebe

Früh am Morgen

wenn alles noch ruht

Nebelschleier

wiegen sich

Morgentau

begrüßt den Tag

bin ich so gern allein

für mich

schau in das Grün

und freue mich

auf dich

Glücksgefühl

das für jeden

etwas anderes bedeuten kann

doch das Leuchten

in den Augen

das fröhliche

Hüpfen der Seele

ist immer gleich

Gedanken

sie fallen aus heiterem Himmel

Gefühle

schüren ihre Kraft

lass nur Gutes

über deine Lippen kommen

damit es in Liebe

erblühen kann

Gegenwartsmelodie

in ihr summt

die Vergangenheit

In der Stille

erwachen Worte

sie lassen aus Angst

Vertrauen wachsen

aus Zweifeln wächst

ein silberner Hoffnungsschimmer
empor

das aus Einsamkeit

Zweisamkeit

werden kann

War ich für dich

eine Lektüre

etwas Neues

anders als sonst

doch nun ausgelesen

es wäre falsch von mir

zu behaupten

ich tat dies auch so

ich lese immer noch in dir

immer wieder

neu

ja auch für mich

doch am Anfang so vertraut

und jetzt

manchmal

glaube ich

es war ein Fehler

dich zu lesen

und ich lege

dich immer wieder

immer öfter

zur Seite

Manchmal

fühlte ich mich

wie auf dem Grund des Meeres

eingeschlossen im Dunkel

nur ein kleiner Sonnenstrahl

drang in meine Seele

ich versuchte

mich in ihm zu sehen

Spiegelbild

machte alles weit

es wurde heller

und ich tanzte auf den Wellen

sah das Blau am Himmel

fühlte mich und spürte

es wird alles gut

Ich wünschte

ich wäre deine Weltreise

du möchtest mich entdecken

mit all meinen Schwächen

und Stärken

mit meinen liebenswerten Fehlern

meiner Liebe

Wenn du mich hörst
antworte laut
wenn du mich fühlst
suche nach mir
wenn du mich liebst
bleib bei der Wahrheit

Es fliegt sich so leicht

spricht meine Seele

und bringt die Liebe mit

Wenn du

alte Wege verlässt

weil du neue erkannt hast

wenn du

alte Träume verloren gibst

weil du neue empor steigen lässt

wenn

alte Freunde dich verlassen

weil du neue in dein Leben lässt

wenn

du auf dem Weg zu dir bist

weil du fühlst

du hast den Mut dazu

dann gehe diesen Weg

in Liebe

und liebe jeden Tag

Der Schleier der Nacht

Leise

legt er sich über den Tag

verhüllt ihn

mit seinem Tuch

das sternenklar hell leuchtet

behütet ihn

bis zum Morgen

und erzählt Geschichten

vom Mann im Mond

Die Rosen

der Erinnerung

erblühen nur neu

kommen alle Bilder

aus ihrem Versteck

und zeigen sich

ehrlich

Von Marion Jana Goeritz ebenfalls beim Verlag BoD erschienen (BoD Books on Demand, Norderstedt, nähere Informationen finden Sie unter www.BoD.de)

„Liebe für die Seele Band 1"
ISBN 978-3-7357-4045-8

„Liebe für die Seele Band 2"
ISBN 978-3-7357-7734-8

„Seelenweiß"
ISBN 978-3-7347-5769-3

„Seelen essen Liebe gern"
ISBN 978-3-7347-8706-5

„SeelenEngel" ein spiritueller Erfahrungsbericht
ISBN 978-3-7386-2588-2

„SeelenSchlüssel"
ISBH 978-3-7386-3844-8

„Seelenfarben"
ISBN 978-3-7386-3947-6

„Seelenschimmer"
ISBN 978-3-7386-4014-4

„Seelenfinden"
ISBN 978-3-7386-4037-3

„Ein Gefühl meiner Seele"
ISBN 978-3-7386-1506-7

„Seelenfrieden" Danken, Bitten, Ent-
spannung ein persönlicher Erfahrungsbe-
richt
ISBN: 978-3-7386-4884-3

„Seelenweihnacht"
ISBN: 978-3-7386-5616-9

„Im Land unter dem Regenbogen" Wunderbare Märchen und unglaubliche Geschichten
ISBN: 978-3-7392-0115-3

„Freddy und seine Geschichten"
ISBN: 978-3-7386-3321-4

„SeelenWorte"
ISBN: 978-3-7392-0455-0

„Herzanker"
ISBN: 978-3-7392-3482-3

„Im Fluss der Liebe"
ISBN: 978-3-7392-3489-2

„Seelenklänge"
ISBN: 978-3-7392-3532-5

„Liebeslied"
ISBN: 978-3-7392-3548-6

„Wahre Traumtänzerin"
ISBN: 978-3-7392-3556-1

„Emilia Sommerfeld"
ISBN: 978-3-7392-3787-9

„Für mich war es Liebe"
ISBN: 978-3-8423-5362-6

„Kaleidoskop"
ISBN: 978-3-8423-5738-9

„Die verzauberte Wiese"
ISBN: 978-3-7412-0772-3

„Seelenbrücke"

ISBN: 978-3-7412-0890-4

„Wetterleuchten"

ISBN: 978-3-7412-2740-0

„Zentrifuge"

ISBN: 978-3-7412-4011-9

„Für Dich"

ISBN: 978-3-7412-4018-8

„Hannos Geschichten"

ISBN: 978-3-7412-9373-3

„Das Eulenherz"

ISBN: 978-3-7431-0009-1

„Eine Reise irgendwo hin"

ISBH: 978-3-7421-0042-8

„Ist das wirklich wahr?"

ISBN: 978-3-7431-1549-1

„Stille Momente"

ISBN: 978-3-7431-1586-6

"Engelszwirn"

ISBN: 978-3-7431-1594-1

"Anders"

ISBN: 978-3-7448-3582-4

"Wenn es spricht"

ISBN: 978-3-7448-3583-1

Weitere Informationen zu Neuerscheinungen finden Sie immer auf meiner Seite www.buchkaleidoskop.Reikipraxis-Goeritz.de